Andrea Detka

Seelenlächeln
und
Herzgeflüster

AF191740

1.Auflage 2024

Andrea Detka

Seelenlächeln
und
Herzgeflüster

Bibliografische Information der Deutschen Nationalbibliothek:

Die Deutsche Nationalbibliothek verzeichnet diese Publikation in der Deutschen Nationalbibliografie; detaillierte bibliografische Daten sind im Internet über http://dnb.dnb.de abrufbar.

Cover/Buchgestaltung/Texte/: Andrea Detka
Zeichnungen im Buch/auf Cover: Tashe Art

Verlag: BoD • Books on Demand GmbH, In de Tarpen 42,

22848 Norderstedt

Druck: Libri Plureos GmbH, Friedensallee 273, 22763 Hamburg

ISBN: 978-3-7597-7609-9

Andrea Detka

Seelenlächeln
und
Herzgeflüster

Andrea Detka lebt in einer niedersächsischen Kleinstadt am Harz. Schon von Kindesbeinen an entwickelte sie ein Faible für alles Literarische. Dadurch wurde ihre Fantasie regelrecht beflügelt, und schon bald begann sie auch eigene Texte, Kurzgeschichten und Gedichte zu schreiben. Zudem machte sie ihre große Leidenschaft zum Beruf und wurde Bibliotheksassistentin. Sprache und Worte sind bis heute ihre Passion geblieben, und so sprudeln die Gedichte und Geschichten auch weiterhin in einem nie enden wollenden Fluss aus ihrem Kopf und aus ihrem Herzen heraus. So erschien 2021 ihr Erstlingswerk „Zauber der Liebe: Eine Symbiose von Poesie und Malerei" im art of arts Verlag.

Vom Engel mit dem gebrochenen Flügel

Manchmal im Leben, wenn wir ganz traurig sind, bekommen wir einen Engel geschickt. Dieser Erdenengel unterstützt uns mit der Weisheit seiner wunderbaren alten Seele. Er hilft uns mit seiner Herzenswärme und seiner bedingungslosen Liebe dabei, aus unserem Schmerz und unserer Traurigkeit heraus, wieder in die Freude und in das strahlende Licht der Leichtigkeit des Seins zu finden.

Diese Erdenengel werden zu Herzensmenschen, die wir nie wieder missen möchten und unter deren Flügel wir, wann immer wir ihres Schutzes bedürfen, Sicherheit und Geborgenheit finden.

Nun kann es aber auch geschehen, dass unsere Erdenengel in extrem herausfordernden Zeiten, weil einfach zu viel Last auf ihren Schultern liegt, so erschöpft sind, dass sie sich einen Flügel brechen.

Dann ist es an uns, sie emotional zu reparieren, ihnen dabei zu helfen, dass ihnen durch unsere Liebe und Herzenswärme ein neuer Flügel wächst, mit dem sie wieder zu ihrer vollen Stärke zurückfinden.

Manchmal brauchen die Erdenengel den Schutz und die Geborgenheit unter unseren Flügeln, und indem wir ihnen diesen gewähren, können wir ihnen in tiefer Dankbarkeit für ihr Sein etwas von ihrer bedingungslosen Liebe, die sie uns entgegenbringen, zurückgeben.

Erdenengel und Herzensmenschen - wie schön, dass es euch gibt! Passen wir immer gut aufeinander auf!

Herzbewohner

Da gibt es diesen einen besonderen Menschen, der für immer dein erster Gedanke am Morgen und dein letzter Gedanke am Abend sein wird.

Auch, wenn ihr längst keinen Kontakt mehr miteinander habt. Wer einmal dein Herz bewohnte, hinterließ dort lebenslange Spuren von Liebe, die unverwischbar sind.

Wie soll ich leben, ohne dich?

Wie soll ich leben, ohne das Funkeln deiner Augen, wenn du mich ansiehst als wäre ich für dich die begehrenswerteste Frau der Welt?

Wie soll ich leben, ohne deine weichen Lippen auf meinen zu fühlen, wenn unsere Münder sich in einem zärtlichen Kuss verlieren?

Wie soll ich leben, ohne deinen muskulösen Körper und die Wärme deiner Haut unter meinen Händen zu spüren, wenn wir uns von den Wogen der Leidenschaft überrollt, einander hingeben?

Wie soll ich leben, ohne deine Flügel, die für mich der sicherste und friedvollste Ort der Welt sind, unter die ich schlüpfen durfte und die ich niemals missen wollte?

Wie soll ich leben, ohne deine Liebe, mit der du mich einst aufgefangen, mich von meiner Traurigkeit befreit hast und mit der du mein Herz wärmtest und meine Seele streicheltest?

Wie soll ich leben, ohne dein allabendliches mich wissen lassen, dass du mich liebhast?

Wie soll ich ohne all dies, ohne dich und dein Sein leben, der du für mich die Luft zum Atmen bist?

Wie soll ich leben, ohne dich?

An dem Tag…

An dem Tag, an dem du dich wieder bei mir meldest, wird mein Herz vor Freude etwas aus dem Takt geraten, weil es sich von der Sehnsucht befreit fühlt, die es in Traurigkeit hüllte.

An dem Tag, an dem du dich wieder bei mir meldest, wird der in tiefem Schwarz liegende See auf dem Grund meiner Seele wieder silbern schimmern.

An dem Tag, an dem du dich wieder bei mir meldest, werden die Wärme deiner Gedanken und die Liebe in deinen Worten, meine Augen zum Leuchten bringen.

An dem Tag, an dem du dich wieder bei mir meldest, wird sich ein zauberhaftes Lächeln voll tiefster Dankbarkeit auf mein Gesicht legen.

An dem Tag, an dem du dich wieder bei mir meldest, werden mein Herz und meine Seele sich mit deinem Herzen und deiner Seele vereinen, und ich werde mich endlich wieder GANZ fühlen.
Wie sehne ich ihn herbei - den Tag, an dem du dich wieder bei mir meldest…

Bitte melde dich!

Weißt du, was ich möchte?

Ich möchte dich einfach nur minutenlang anschauen, nachdem wir uns geliebt haben.

Ich möchte mit meinen Fingern deine Wangen streicheln, möchte jede deiner Falten, die ich so sehr liebe, weil sie gelebtes Leben widerspiegeln, mit meinen Lippen liebkosen.

Ich möchte mir deinen Gesichtsausdruck einprägen, ihn mit meiner Seelenkamera für die Ewigkeit einfangen, wenn wir uns erschöpft, aber überglücklich, in den Armen liegen.

DAS möchte ich so gern.

Abschied

Abschied liegt in deinem Blick.
Wo ist die Liebe, die sich sonst aus deines Herzens
Tiefe in deinem Gesicht widerspiegelte? Wo ist die
Wärme mit der du mich lächelnd umfangen
hieltest?

Meine Augen füllen sich mit Tränen.
Mein Herz spürt, dass etwas zu Ende geht.
Ich will dich umarmen, dich festhalten, doch fühle
ich, dass es sinnlos ist. Du hast dich längst von mir
entfernt.

Und während ich dich unter Tränen loslasse,
lodert die Flamme der Liebe in meinem Herzen
und wirft ein flackerndes Licht der Hoffnung in
meine Seele, dass wir uns eines Tages wieder
begegnen werden.

Nur ein einziges Mal

Wenn das Gefühl der Liebe ehrlich, echt und tief ist, werden die Seele und das Herz zu Verbündeten, zu Komplizen der Liebe.

Denn dann werden sie alle Hebel in Bewegung setzen und das Universum bitten, sie bei ihrer Mission zu unterstützen, die Sehnsucht von zwei Menschen zu stillen, ihre geheimsten Wünsche zu erfüllen und diesem gegenseitigen Begehren Raum und Zeit zu geben, damit es gelebt werden kann.

Manchmal in meinen Träumen ruft mein Herz so laut nach deinem Herzen, dass ich davon erwache. Meine Hand tastet suchend neben mir im Bett umher. Jedoch vergeblich, denn sie kann deine Hand nicht finden.

Dann rufe ich deinen Namen in die Dunkelheit der Nacht hinaus und versuche ganz schnell wieder einzuschlafen, um ins Traumland einzutauchen.

Träumend finden sich unsere Herzen, unsere Hände, unsere Münder, unsere Körper, und wir werden EINS. Jetzt, erst jetzt, kann ich beruhigt weiterschlafen, denn ich weiß dich an meiner Seite.

Was würde ich dafür geben, nicht nur von dir zu träumen, sondern dich, wenn auch nur für ein einziges Mal, ganz real neben mir zu spüren! Ich würde dich die ganze Nacht nicht loslassen, aus Angst davor, dass alles nur ein Traum war.

Herzöffnung

Wenn dein Gegenüber dir sein Herz verschließt,
öffne ihm dein Herz ganz weit, damit er darin
Platz nehmen und deine Narben betrachten kann.

So weiß er, dass du, trotz all der Verletzungen und
Enttäuschungen, die du erfahren musstest und die
du erlitten hast, immer noch an die große Liebe
glaubst.

Bergliebe

In den Bergen bist du dem Himmel so nah, näher als irgendwo sonst auf der Welt.

Du trägst deinen emotionalen Rucksack voller Probleme und Sorgen mit dir auf den Berg hinauf.

Oben angekommen und staunend auf das imposante Panorama blickend, das sich dir zu deinen Füßen offenbart, spürst du plötzlich, wie mit jedem Atemzug dein Seelengepäck leichter wird.

Du spürst, wie dein Herz ganz weit wird, wie das permanent kreisende Gedankenkarussell endlich zum Stillstand kommt und wie dir der Rucksack mit deinen Sorgen und allem dich Belastenden, von den Schultern fällt.

Du richtest dich auf, spürst, wie die frische Bergluft durch deine Lungen strömt, du fühlst dich befreit und gibst dich einfach nur dieser schon lange nicht mehr so intensiv erlebten Leichtigkeit des Seins hin.

Du spürst, wie du von einem unbeschreiblichen Glücksgefühl erfüllt wirst, das dir positive Energie und Zuversicht schenkt.

Du schließt deine Augen, genießt die warmen Sonnenstrahlen auf deiner Haut, atmest, spürst in dich hinein, lässt all diese positiven Vibrationen auf dich und in dir wirken, und du weißt von dem Moment an, du kannst alles schaffen und erreichen, was du willst und was du dir jemals im Leben vorgenommen hast. Du spürst eine unbändige Kraft in dir.

Du gingst fort

Dein Duft schwebt noch im Raum

Spüre die Wärme deiner Umarmung, die wohl
unsere letzte sein sollte

Gefühle, zerschellt an der Unverbindlichkeit
deiner Worte

Eiseskälte in deinem Blick, lässt meine salzigen
Tränen gefrieren

Leere Phrasen, ertrunken im Meer der Lügen

Oberflächlichkeitsgeplänkel

Bittersüßer Schmerz erfasst mein Herz

Und in der Ferne, von einem Windhauch
davongetragen, ertönt sie noch immer im
Gleichklang - unsere Melodie

Glück und Traurigkeit

Kennst du das Gefühl unbeschreiblich glücklich und unendlich traurig gleichzeitig zu sein?

Unfassbar glücklich, weil du spürst, dass du zur richtigen Zeit, am richtigen Ort, mit genau dem richtigen Menschen, zusammen bist.

Tieftraurig, weil du weißt, nicht bleiben zu können.

Ich vermisse dich so...

Alles in mir weigert sich der nackten Realität ins Auge zu blicken. Mein Herz hält dich fest, so fest es kann. Während die Traurigkeit und mein Verstand versuchen, dich loszulassen.

Mein Herz und meine Seele vermissen dich. Können den Verlust deiner Nähe kaum ertragen. Krampfhaft halten sie dich fest und spüren doch, wie du dich wortlos jeden Tag ein Stück weit mehr entfernst.

Allmählich versteht mein Herz, dass Festhalten auf Dauer mehr wehtut und schmerzt als Loslassen. Unter Tränen gibt es dich frei, lässt dich los.

Was bleibt sind tiefe Narben und die Gewissheit, dich immer lieben zu werden. Liebe ist unkaputtbar, auch, wenn einer mehr liebt als der andere.

Die Liebe ist das, was übrigbleibt, wenn zwei Menschen und das, was sie miteinander teilten, zur Erinnerung werden.

Ich vermisse dich so...

Schutzlos

Jeden Abend weint sie sich in den Schlaf bis die Nacht ihre alles vergessen lassende, in dunkles Blau getauchte, golden leuchtende Sternendecke über sie ausbreitet unter der sie die Geborgenheit findet, die sie so schmerzlich vermisst.

Diese Geborgenheit, die sie in seiner Nähe fand, die sie spürte, wenn er sie in seine Arme nahm, sie den Kopf auf seine Brust legte, die Wärme seiner Haut fühlte, seinen unverwechselbaren Duft tief in sich aufsog und sich vom Geräusch seines rhythmisch schlagenden Herzens ins Traumland tragen ließ.

Er beschützte sie bei Nacht und wachte über sie bei Tag - wie ein Erdenengel. Nun fühlt sie sich so schutzlos, wie ein Blatt im Wind. Zwischen Raum und Zeit treibend, zwischen Erinnerungen an zauberschöne, liebevolle Momente und Gedanken voller Traurigkeit schwankend und sich nichts sehnlicher wünschend, als dass er sie wieder unter seine schützenden Flügel nimmt.

Das Glück der anderen

Wenn das Glück des einen, das Leid des anderen bedeutet, ist das Herz des einen erfüllt von Liebe und Wärme, während das Herz des anderen bricht.

Der eine fühlt sich in der Liebe geborgen, während der andere versucht, all die zerbrochenen Fragmente seines Herzens, wieder zusammenzuflicken.

Der eine setzt voller Freude über jeden neuen Tag sein schönstes Lächeln auf, während dem anderen die Tränen den Schmerz aus der Seele waschen.

Aber, auch gebrochene Herzen werden wieder lieben - irgendwann!

Heiße Sommernacht

Von deinem Duft geschwängerte Luft

Im Sinnesrausch geflüsterte Worte durchfluten den Raum mit Zärtlichkeit

Blicke, die Herzen berühren

Wilde, feuchte Küsse, der Zeit entrückt

Zwei Körper, aneinander geschmiegt im Taumel der Gefühle, gebettet auf Rosenblüten

Ungebremstes Verlangen und lustvolle Hingabe

Ineinander verschlungene Hände bewahren sich vor dem Loslassen

Tiefste Nähe und Geborgenheit spürend

Von den Wogen der Leidenschaft erfasst, aufs Meer der Lust hinausgetragen

Nie enden sollend EINS mit dir sein

Wieder und wieder

Für immer

Zurück auf der Straße des Lebens

Da wähntest du dich angekommen, dachtest, du hättest ein Für-immer-Zuhause im Herzen deines Seelenpartners gefunden, so wie du es dir gewünscht und wie du es dir in deinen Träumen ausgemalt hast.

Und plötzlich findest du dich mit deinen Koffern voller Liebe und tiefer Gefühle auf der Straße, die Leben heißt, wieder und musst weitersuchen, obwohl alles in dir weiß, dass du niemals aufhören wirst, dich nach der Wärme, der Vertrautheit, der innigen Verbundenheit, der Geborgenheit und dieser besonderen Liebe, die dir vom Herzen deines Seelenpartners entgegenströmte, zu sehnen.

Déjà vu

Deine Worte - ein Déjà vu

Schon einmal geweinte Tränen bahnen sich ihren Weg

Quellen aus der Tiefe der Seele hervor

Herz in tausend Splittern

Versucht, es mit goldenem Kintsugi zu reparieren, doch der Schmerz findet seinen Weg durch die Bruchstellen

Nächte der Sehnsucht

Es sind diese lauen Sommernächte, wenn die einsetzende Dunkelheit sie, wie ein blauseidenes Tuch sanft umhüllt und die Stille nur durch das rhythmische Schlagen ihres Herzens, das unermüdlich seinen Namen ruft und ihn auf den Flügeln der Sehnsucht durch ihre Adern fließen lässt, unterbrochen wird, in denen sie spürt, wie sehr sie ihn vermisst.

Sie schaut zum tiefschwarzen Firmament empor, dessen Milliarden von funkelnden Sternen es in goldenem Licht erstrahlen lassen und weiß, es ist derselbe Himmel, den auch er in diesem Moment sehen würde, wenn er es ihr gleichtat. Und sie fragt sich, ob er wohl auch gerade an sie denkt?

An sie beide, an die unvergesslichen, schönen Augenblicke, die sie einander schenkten und die sie miteinander erleben durften, an die unerfüllten Träume, an die geheimsten Fantasien, an die unzähligen Wünsche und an all das, was sie sich in den schönsten Farben ausgemalt hatten. An Sonne, Strand, Meer, Glückseligkeit pur und das Einssein, das sie so sehr wollten.

Und in jeder dieser Nächte legt sie ihm in Gedanken ihr Herz behutsam in seine Hände, damit er spüren kann, dass es nur für ihn schlägt. Sie hofft, dass er die unendliche Wärme, die grenzenlose Vertrautheit, die innige Verbundenheit, die schützende Geborgenheit und die bedingungslose Liebe fühlt, die in diesem Herzen einzig für ihn lodern.

In jeder Nacht schickt sie ihre Sehnsucht ins Universum, und es vergeht kein Tag, an dem er nicht ihr letzter Gedanke, bevor sie zu Bett geht und am Morgen ihr erster Gedanke, wenn sie wieder erwacht, ist.

Weißt du noch?

Weißt du noch, wie wir manchmal nachts am Fenster standen - jeder in einer anderen Stadt und unsere Seelen dennoch untrennbar miteinander verbunden - den Blick in den tiefblauen Himmel voll silbern glänzender Sterne gerichtet?

Weißt du noch, wie wir in diesen Momenten gegenseitig unsere liebevollen Botschaften ins Universum schickten und genau spürten, wenn der eine an den anderen dachte?

Weißt du noch, wie wir zärtliche Gute-Nacht-Küsse in die kühle Abendluft hauchten und fühlten, dass sie unsere Herzen selbst über hunderte von Kilometern zu berühren vermochten?

Ich weiß es noch…

Bittersüß

Du bist noch in mir

Fließt durch meine Adern

Mein Herz schlägt unaufhörlich deinen Namen

Versuche, dich zu vergessen

Das Salz meiner Tränen schmeckt nach bittersüßer

Erinnerung

Vielleicht in einem anderen Leben

Das Leben und ihre Herzen nahmen sie an die Hand und sagten: „Kommt, wir zeigen euch, was Glück ist!"

In freudiger Erwartung ließen sie sich von ihnen mitreißen und erfuhren Glückseligkeit pur, tiefes Vertrauen, innige Verbundenheit und eine ganz besondere Liebe, wie sie sie noch nie zuvor empfunden hatten.

In diesen magischen Momenten, in denen sich alles so verdammt richtig angefühlt hatte, wünschte sie sich, sie könnte die Zeit anhalten, um dieses Glück für immer erleben zu dürfen.

Während sein Verstand und seine Angst, verletzt werden zu können, sich diesem Glück in den Weg stellten.

Was sie auch tat oder sagte, um ihn dazu zu bewegen, seinem Herzen zu vertrauen und die Angst zu ignorieren - alles war vergeblich, und so verloren sich diese beiden Seelenpartner wieder, um sich vielleicht zu einem anderen Zeitpunkt, an einem anderen Ort, in einem anderen Leben, wieder zu begegnen…

Gib niemals deine Träume auf!

In dem Moment, wenn die Sehnsucht nach deinem Herzen greift und du den Tränenstrom kaum mehr aufhalten kannst, öffnet sich die Tür zum Paradies deiner Erinnerungen.

Sie legen sich, wie ein wärmender Mantel in einer kalten Winternacht, um deine Schultern, lassen dich eintauchen in Augenblicke voller Glückseligkeit, vermögen es, die Wogen des tosenden Tränenmeeres zu glätten und dir Zuversicht zu schenken, dass irgendwann ALLES so sein wird, wie du es dir erhoffst und erträumst.

Gib niemals deine Träume auf! Sie können wahr werden, wenn du ganz fest an sie glaubst!

Seelenreise

Und dann hast du vor mir gestanden, und ich - ich habe ALLES um mich herum vergessen!

Die Welt stand für Stunden still - Stunden voller Zärtlichkeit, Nähe, Geborgenheit und Liebe, die wir einander schenkten.

Bei dir, in deinen Armen, in deinem Herzen, in deiner Seele angekommen - angekommen daheim, wie es sich intensiver nicht anfühlen könnte.

Zwei Seelen auf ihrer langen Reise durch die Zeiten - sich endlich ihrer Dualität bewusst! Sich niemals mehr verlieren wollend!

Diamanten des Lebens

Manchmal, wenn die Sehnsucht übermächtig wird, streift dich der Flügel der Erinnerung. Sein sanftes dich Berühren, lädt dich dazu ein, deine Augen zu schließen, deinem Atem nachzuspüren, für einen Augenblick innezuhalten und die Welt um dich herum zu vergessen, um noch einmal all das Glück zu fühlen, welches du empfunden hast in diesen Momenten, die für die Ewigkeit gemacht waren und die sich tief und unauslöschlich in dein Herz eingebrannt haben.

Gib dich ganz diesem Gefühl hin! Lass dich fallen in dessen sanfte Umarmung, die dir Geborgenheit schenkt und die dir die Gewissheit vermittelt, dass es am anderen Ende der Sehnsucht jemanden gibt, der gerade in diesem Augenblick ebenfalls an dich denkt und der den Flügelschlag der Sehnsucht genauso verspürt hat, wie du.

Dann lächle, und sei dankbar für diese Augenblicke puren Glücks, für deren Intensität, auch, wenn sie sich nie wiederholen sollten. Sei dankbar, dass du sie erleben durftest! Betrachte jede einzelne Sekunde von ihnen als einen Schatz von unermesslichem Wert.

Jeder Glücksmoment ist ein Diamant des Lebens. So unendlich kostbar und unwiederbringlich.

Ankommen

Mein Herz irrt heimatlos umher, seit du wieder so unendlich fern bist.

Es ist verloren, schwebt zwischen den Räumen.

Zwischen dem Wiedersehen und dem Abschied.

Zwischen der Sehnsucht und der Erfüllung.

Mein rastloses Herz, das sich nach dem Klang deines Herzens sehnt.

Erst, wenn es deinem Herzen wieder nah sein kann und beide wieder vereint im selben Rhythmus schlagen, wird es Ruhe finden, weil es angekommen ist.

Angekommen zu Hause - bei dir!

Abschiedsschmerz

Sie versuchte tapfer zu sein. Abschiede mochte sie nicht. Sie lächelte unter Tränen als er sie ein letztes Mal liebevoll umarmte.

Er nahm ihr Gesicht behutsam zwischen seine Hände und küsste ihr zärtlich die Tränen von den Wangen.

Währenddessen lief der Zug in den Bahnhof ein, der sie in wenigen Minuten wieder hunderte Kilometer von ihm trennen würde.

Sie schauten sich tief in die Augen. Lasen darin all die Liebe, die sie füreinander empfanden, und im Inneren ihrer Herzen trugen sie die Gewissheit, dass sie irgendwann für immer beieinander sein würden.

Die Lüge in seinem Blick

Und dann schaut er dich an, mit Augen voller Verlangen und Begehren, doch du spürst, dass dieses Funkeln in seinen Augen nicht dir gilt.

Du findest dich nicht mehr in seinem Blick. Sein Lächeln - nurmehr eine Illusion, die dich glauben machen will, du wärst die Frau, die seine Gedanken dominiert.

Seine Sehnsucht und sein Verzehren indes gelten ihr, die so unerreichbar fern und seinem Herzen doch so nah ist.

Es ist diese unerfüllte Sehnsucht nach ihrer Nähe und ihrer Zärtlichkeit, die ihn von dir forttreibt und gänzlich unempfänglich macht für all die Liebe, die du ihm entgegenbringst.

Du weißt um sein heimliches Verlangen und spielst das Spiel der Unwissenden, stellst dich blind, einzig und allein, weil du ihn liebst.

Du schaust in seine Augen und erkennst die Lüge in seinem Blick, und dennoch lächelst du unter Tränen deinen Schmerz mit einem Herzen voller Liebe fort.

Irgendwann

Irgendwann begann sie ihr Herz zu ignorieren, das längst außerhalb ihres Körpers nur für ihn schlug.

Irgendwann begann sie ihre Gedanken zu ignorieren, die unaufhörlich nur um ihn kreisten.

Irgendwann begann sie die Schmerzen zu ignorieren, die seine Ignoranz ihr zugefügt hatte.

Irgendwann begann sie sich selbst nicht mehr zu ignorieren und schenkte sich all die Liebe, die er nicht wollte.

Nie wieder

Er würde es nie erfahren, wie sehr sie ihn geliebt hat, denn er wollte ihre Liebe nicht.

Er will die Liebe von allen anderen. Sie stieß er zurück. Schob sie beiseite. Hatte plötzlich keine Zeit mehr für sie.

Sie verlor ihren Favoritenplatz auf seiner Prioritätenliste. Sie wurde eingetauscht gegen jemand Neuen, Interessanteren. War längst bestenfalls nur noch eine Option für ihn.

So war sie zerbrochen. Zerbrochen an dieser Liebe, die zusammengekauert in der dunkelsten Ecke ihres Herzens, wie ein verletztes Tier, ihre Wunden leckte.

Sie schwor sich, NIE WIEDER so zu lieben, damit sie niemandem jemals wieder ein so mächtiges Werkzeug gab, ihr wehzutun.

Lass dich noch einmal fallen in meine Liebe!

Vergiss die Narben auf deiner Seele, die Verletzungen, die dir zugefügt wurden und die dich jetzt so sehr daran hindern, zu vertrauen!

Lass dich noch einmal fallen in meine Liebe!

Fühl die Wärme meines Herzens, die durch meine Hand hindurchfließt, wenn ich sie dir auf deine Brust lege! Deinen Herzschlag spürend, streichle ich dir all deinen Schmerz von der Seele.

Lass dich noch einmal fallen in meine Liebe!

Gib dich dem Gefühl der Leidenschaft hin und erlebe die Leichtigkeit des Seins, wenn meine Lippen sich zärtlich auf deine Lippen legen, um dir zu zeigen, wie sehr ich dich mag!

Lass dich noch einmal fallen in meine Liebe, und lauf nicht vor ihr davon!

Rückzüge

Ich habe aufgehört, mich zu fragen, was du wohl machst, wenn du dich tagelang zurückziehst und dich nicht mehr bei mir meldest.

Ich habe aufgehört, mir Sorgen um dich zu machen, weil ich auf meine Frage, ob alles in Ordnung ist, sowieso keine Antwort von dir bekommen würde.

Ich habe aufgehört, dich anzubetteln, mir doch zu schreiben, weil ich spüre, dass ich dich damit nerve und du dich nur noch weiter von mir entfernst.

Womit ich indes nicht aufgehört habe und niemals damit aufhören kann, ist, dich zu lieben.

Deine Flügel…

… sie sind der Inbegriff der Geborgenheit.

… sie gewähren mir Schutz und Sicherheit bei allen Widrigkeiten des Lebens.

… sie sind Zufluchtsort, wenn in mir und um mich herum alles zu zerbrechen droht.

… sie sind, wie ein sicherer Hafen, in dem mein Lebensschiff vor Anker gehen kann, wenn es in einen heftigen Sturm geraten ist.

… sie sind eine Insel, an deren Stränden ich mich ausruhen kann bis ich die Kraft habe, mich den Herausforderungen des Lebens erneut zu stellen.

… es gibt keinen Ort auf der großen, weiten Welt, an dem ich jetzt lieber wäre als unter deinen Flügeln.

Der Brief

Als er ihren Brief in den Händen hielt und begann zu lesen, fühlte es sich an als würde er die Treppe zu ihrem Herzen erklimmen, um dort angekommen, durch eine Tür zu schreiten, hinter der ihn eine wohlige, nie zuvor gekannte Wärme, empfing.

Es fühlte sich an als würde sich diese Wärme, wie ein schützender Mantel, um sein gekränktes Ego legen. Er fühlte sich mit einem Mal von einer tiefen Liebe erfüllt, die sie ihm durch ihre Worte geschenkt hatte. Sie hatte ihn berührt, allein durch die Öffnung ihrer Seele und ihres Herzens.

Sie hatte etwas in ihm zu Fall gebracht, das ihn lange daran hinderte, die wahre Liebe zu finden. Sie hatte es mit der Offenbarung all dessen, was sie für ihn fühlte, geschafft, in sein Herz vorzudringen.

Ihre Liebe legte sich sanft auf alle seine Wunden, heilte die Narben der Verletzungen, die ihm zugefügt worden waren, und Tränen, die das Eis um seine Seele zum Schmelzen brachten, lösten alle Blockaden in ihm auf.

Er fühlte nur Liebe - ihre Liebe für ihn und seine Liebe für sie.

Er, der rastlos Suchende, war endlich angekommen. Angekommen - ganz bei sich und ganz bei ihr.

Zersprungenes Herz

Manchmal erfährst du unvermittelt etwas, das dir die Luft zum Atmen raubt, das dich sprach- und fassungslos macht und bei dem dein Herz sich anfühlt, wie ein Eisblock, der augenblicklich das Blut in deinen Adern gefrieren lässt.

Manchmal hast du nicht einmal mehr Tränen, mit denen du den Schmerz aus deiner Seele waschen könntest. Das einst lodernde Feuer der Liebe, das dein Herz lange Zeit so wunderbar wärmte, ist mit einem Schlag, wie durch einen heftigen Windstoß, erloschen.

Manchmal wünschst du dir aus diesem Albtraum aufzuwachen, doch dann stellst du fest, dass du nicht schläfst und der Schmerz bittere Realität ist. Und du versuchst, ihn zu betäuben, indem du die rosarote Brille wieder aufsetzt und ruhelos durch den Tag hastest.

Manchmal hoffst du, dass du dich verhört hast, dass das, was du gesehen hast, nur ein Trugbild gewesen ist, dass alles wieder sein kann, wie es war. Doch zerbrochenes Vertrauen lässt sich ebenso wenig reparieren, wie ein in tausend Stücke zersprungenes Herz.

Und wenn ich dir sage…

Und wenn ich dir sage, dass ich dich liebe, dann liebe ich dich so, wie du bist. Mit allen deinen Stärken und Schwächen, mit allen deinen wundervollen Seiten und mit deinen Unzulänglichkeiten.

Bei mir darfst du der sein, der du wirklich bist. Ich erwarte nicht, dass du dich veränderst oder dich wegen mir verbiegst, weil ich dich in deinem ganzen Wesen und mit allen deinen Eigenschaften wertschätze und akzeptiere.

Du darfst dich zurückziehen, wenn dir alles zu viel wird. Ich gewähre dir Raum und Zeit. Du darfst dich ausleben, in allen Facetten deiner Persönlichkeit. Ich werde dich dennoch immer lieben, weil wahre Liebe bedingungslos ist.

Und wenn ich dir sage, dass ich dich liebe, dann glaub mir, und vertrau mir!

Ich liebe dich, weil DU so bist, wie DU bist!

Durch meine Augen

Könntest du dich nur einmal durch meine Augen betrachten, dann würdest du sehen, wie schön deine Seele ist, und du könntest fühlen, wie viel Liebe in deinem Herzen wohnt.

Würdest du mich nur einmal durch deine Augen so betrachten, wie ich dich, würdest du spüren, wie viel Liebe ich für dich empfinde, und du könntest getrost die Mauern, die du um dein Herz errichtet hast, um nicht wieder verletzt zu werden, einreißen.

Könnten wir einander gegenseitig durch unsere Augen betrachten, würden wir spüren, wie viel Wärme und Zuneigung in unseren beiden Herzen füreinander fließen und könnten uns gemeinsam auf dem Strom der Liebe durchs Leben tragen lassen.

Lass es uns doch einfach versuchen!

Verschlossenes Herz

Wenn man lieb gewonnene Menschen emotional plötzlich nicht mehr erreicht, weil sie die Tür zu ihrem Herzen fest verschlossen halten und undurchdringbare Mauern darum errichtet haben, dann akzeptiere diese Entscheidung, und lass sie in Liebe los.

Bewahre dir jedoch all die wundervollen Erinnerungen an glückliche Momente mit diesen Menschen als kostbaren Schatz in deiner Seele auf, und lass nicht zu, dass du dein Herz gleichermaßen verschließt für all die Menschen, die deine Herzenswärme brauchen!

Irgendwann…

Irgendwann begegnest du einem Menschen, und du spürst vom ersten Moment an eine beinahe unerklärliche Magie zwischen euch.

Irgendwann wirst du von deinen Gefühlen so dermaßen überwältigt, dass dein Herz und deine Seele vor Freude zu tanzen beginnen.

Irgendwann fühlst du, dass du zur richtigen Zeit, am richtigen Ort, mit der richtigen Person, bist und dass du nie wieder woanders und bei niemand anderem sein möchtest.

Irgendwann wirst du ankommen…

Unendliche Sehnsucht

Gerade erst haben wir uns voneinander
verabschiedet.

Dein „Ich liebe dich" noch im Ohr, deinen Duft
noch in der Nase, die Wärme deiner Haut noch auf
meiner Haut spürend, deine Lippen noch auf mei-
nen Lippen fühlend.

Die Erinnerung daran weckt die unendliche Sehn-
sucht danach, dir am liebsten sofort wieder nah
sein zu wollen.

Dich sagen zu hören „Ich liebe dich", deinen Duft
einatmen zu können, die Wärme deiner Haut auf
meiner Haut zu spüren, deine Lippen auf meinen
zu fühlen…

Wenn du jemanden liebst...

Wenn du jemanden liebst, so tief liebst, dass deine Seele und seine, wie eine Seele, miteinander verbunden sind.

Wenn du jemanden liebst, so innig, dass dein Herz und seins, wie eins, im selben Rhythmus schlagen.

Wenn du jemanden liebst, so bedingungslos, dass jeder dem anderen seine Freiräume lässt und seiner persönlichen Entwicklung nicht im Wege steht.

Wenn du jemanden liebst, tief, innig und bedingungslos, dann beschützt du diesen Menschen, wie eine Löwin ihr Junges. Du stellst dich vor ihn, während alle anderen ihm in den Rücken fallen, du wehrst jegliche Angriffe auf ihn ab und hältst alles Unglück von ihm fern, auch wenn dieser Mensch dich schon oft verletzt hat und du manchmal sein Verhalten nicht verstehen kannst. Du tust alles für ihn.

Wenn du jemanden liebst, dann liebst du - ohne Wenn und Aber. Liebe ist die Essenz des Lebens. Wer liebt, dem wachsen Flügel!

Ein Sommertag am Meer

Nackt entstiegen sie dem, sich in seichten Wellen um ihre Knöchel schmiegenden Meer. Die wohlige Wärme der Sonne auf der Haut spürend, lieferten sie sich unter lautem Lachen ein vergnügliches Wettrennen bis zu ihrem Badetuch, das einladend auf dem schneeweißen Sand ausgebreitet war.

Glückselig lag sie wenig später in seinen Armen und sog, während sie sanft mit ihren Fingern winzige Herzen auf seinen noch nassen, sonnengebräunten, muskulösen Körper malte, den unwiderstehlichen Duft seiner Haut, die nach Meer, Sonnencreme und seinem Eau de Parfum roch, ein.

Ein Lächeln umspielte seinen Mund ob ihrer Liebkosungen. Mit geschlossenen Augen, beide Arme liebevoll um sie geschlungen, genoss er ihre Zärtlichkeiten. Behutsam strich er ihr über das nasse Haar und küsste sie zärtlich auf die Stirn.

Sie richtete sich etwas auf, stützte sich mit dem Ellenbogen ab und sah ihn an. Minutenlang gab sie sich nur seinem Anblick hin und spürte, wie sehr sie diesen Mann liebte. Mit jeder Faser ihres Körpers und ihres Herzens.

Mit ihrem Zeigefinger zeichnete sie die Konturen seiner Lippen nach und fuhr zärtlich über die

Falten in seinem Gesicht, die ihr so vertraut waren und die sie so sehr liebte, weil jede von ihnen gelebtes Leben symbolisierte und eine Geschichte zu erzählen hatte.

Er öffnete seine Augen, und ihre Blicke trafen sich. Es waren Blicke voller Zärtlichkeit, inniger Herzenswärme und tiefer Liebe. Beide konnten ihr Glück kaum fassen. Vor allem er war erstaunt darüber, dass er nach all den gescheiterten Beziehungen zuvor noch einmal bereit dazu war, der Liebe eine Chance zu geben, sein Herz für die Liebe zu öffnen.

Das hatte allein SIE mit ihrem Einfühlungsvermögen, mit ihrer Herzensbildung, mit ihrer unerschöpflichen Geduld und mit ihrem unerschütterlichen Glauben an die Liebe geschafft. Auch, wenn er oft versucht hatte, sich ihrer Liebe zu entziehen, aus Angst davor, wieder enttäuscht zu werden oder selbst zu enttäuschen.

Die Liebe war stärker. Wie hätte er ihr letztlich widerstehen können?!

Ihre Lippen fanden sich zu einem unbeschreiblich liebevollen, zärtlichen Kuss, der alles das auszudrücken vermochte, was sie beide in diesem Moment fühlten.

Magische Momente

Es gibt Momente im Leben, die sind so unfassbar schön, dass einem die Worte fehlen, ihre Magie zu beschreiben und man am liebsten für immer in diesem Gefühl verweilen möchte.

Es gibt Momente im Leben, da fühlt man sich, wie nach einer endlos langen Odyssee durch den Ozean der Liebe, angekommen, zu Hause - nicht an irgendeinem Ort, sondern im Herzen eines anderen Menschen.

Es gibt sie, diese kostbaren Momente, die dein Leben verändern und die dich alle Herrlichkeit auf Erden erleben lassen, so dass du dein Glück kaum fassen kannst und es dich sprachlos macht!

Für diese Momente lohnt es sich zu leben… und manchmal auch, darum zu kämpfen!

Ein Kommen und Gehen

Manchmal spürt man, wie sich eine Tür ganz langsam schließt und Menschen sich durch ihr Verhalten, leise und von ihnen zumeist unbemerkt, aus deinem Herzen schleichen.

Du lächelst unter Tränen, dankbar für alles, was gewesen und etwas wehmütig, dass es vorbei ist.

Mit leichtem Gepäck bergab

Sie saß oben am Berg und blickte auf die umliegenden Felswände, die sich trotzig und stark um sie herum erhoben. Wie erstarrt verharrte sie dort. Der Wind wehte durch ihre Haare. Die Sonnenstrahlen wärmten ihr Gesicht.

Sie spürte, wie plötzlich alle aufgestauten Emotionen in ihr aufbrachen und ein Tränenstrom sich unaufhaltsam seinen Weg über ihre Wangen bahnte. Mit der Zunge leckte sie sich über die Lippen und schmeckte das Salz ihrer Tränen.

Sie ließ es geschehen, denn das Weinen tat gut. Sie war überrascht, dass sie nichts mehr fühlte. Das Tränenmeer hatte all die Liebe und die Sehnsucht aus ihrem Herzen und von ihrer Seele gewaschen.

Sie fühlte eine bittersüße, aber wohltuende Leere in sich. Ihr Kopf war frei und ihr Herz ebenfalls. Zu lange hatte sie an einer Liebe festgehalten, die nicht erwidert wurde. War zum Spielball ihrer Gefühle geworden. War mit ihren Emotionen zu oft Achterbahn gefahren - Verletzungen und Enttäuschungen inklusive.

In diesem Moment fühlte sie sich unendlich frei. Atmete tief ein und aus. Überließ sich dem Abschiedsgefühl einer großen Liebe. Sie würde ewig dankbar sein für diese Liebe, auch, wenn sie nicht lebbar war.

Mit leichtem Gepäck und befreit von einer tiefen Traurigkeit, die einer beschwingten Dankbarkeit gewichen war, trat sie den Abstieg an. Das Tal lag vor ihr und mit ihm all die Abenteuer des Lebens, die dort auf sie warten würden.

Seelenlächeln und Herzgeflüster

Ich leg dir ein Lächeln in deine Seele und ein
wärmendes Flüstern in dein Herz.

Wenn deine Seele deinem Herzen zulächelt, wird
dessen Flüstern sie mit Liebe erfüllen.

Einer Liebe, die seelenvoll und herzensnah die
Menschen zu berühren vermag und sie miteinan-
der verbindet.

Wenn du für etwas brennst…

Wenn du für etwas oder irgendjemanden wirklich brennst, dann lass dir dieses Feuer durch nichts und niemanden nehmen!

Vertraue dir und deiner Intuition! Folge den Träumen in deiner Seele und dem Ruf deines Herzens!

Kein noch so heftiger Windstoß, keine noch so hohe Meereswelle, kein noch so zweifelnder Verstand, vermögen es, die lodernde Flamme des unbedingten Wollens in dir zu löschen.

Auch, wenn manche Situationen dich zwischendurch straucheln lassen. Steh auf, und geh unbeirrt deinen Weg! Glaub an dich und deine Träume!

Wenn du es verstehst, das Feuer der Leidenschaft immer wieder neu zu schüren, wirst du überrascht sein, zu welchen großartigen Dingen du fähig bist und dass alle deine Träume und Wünsche sich erfüllen können.

Wenn Träume wahr werden…

Gewidmet Fabiola und Bernhard O.

Hunderte Male hatte sie es sich vorgestellt, wie es wohl sein würde, wenn er und sie denselben Namen tragen würden.

Jetzt, wo es so weit war, ist es noch tausend Mal schöner als sie es sich je hätte erträumen können.

Die beiden, sie, braungebrannt von der Sonne, in einem weißen Boho-Kleid, in den welligen, locker zusammengehaltenen Haaren, einen Kranz aus Sommerblumen geflochten.

Er, in seinem weißen Hemd, das einen Blick auf seine gebräunte, Muskel trainierte Brust freigibt und der Leinenhose, die im Wind um seine Beine flattert.

Ihre Hand in seiner liegend, schauen sie einander tief in die Augen, während die Hochzeitsgesellschaft darauf wartet, dass sich ihr gegenseitiges JA zueinander mit dem Rauschen des Meeres vermischt.

Ruhend im jeweils anderen, wissend um die Einzigartigkeit dieses besonderen Momentes, schauen sie sich erneut tief in die Augen, in denen sich seelenvoll Liebe pur und der Gleichklang ihrer Herzen widerspiegeln.

Für einen kurzen Augenblick vergessen sie die Welt um sich herum, wollen am liebsten die Zeit anhalten, um dieses unbeschreibliche Gefühl von Nähe, Geborgenheit und absoluter Erfüllung für die Ewigkeit zu konservieren.

Ihre JAs deutlich vernommen habend, stecken sie sich, inmitten der applaudierenden Gästeschar, einander die Ringe als Zeichen der unendlichen Liebe an die Finger und besiegeln diesen soeben geschlossenen Bund fürs Leben mit einem innigen, nicht enden wollenden Kuss.

Nur den warmen Sand unter ihren Füßen, die Sonne auf der Haut und den Wind in den Haaren spürend, tanzten sie kurze Zeit später ausgelassen am Strand, eng aneinandergeschmiegt, sich immer wieder berührend und sich zärtlich küssend, unendlich glücklich, nun ganz und gar zueinander zu gehören, ohne sich eingeengt zu fühlen, in eine wundervolle Zukunft, die für sie beide einen Traum, hat wahr werden lassen.

Das Glück der gestohlenen Stunden

Vor Leidenschaft erschöpft, liegt sie in seinem Arm, fühlt sich unendlich geborgen. Genießt es, die Wärme seiner nackten Haut an ihrer zu spüren, seinem gleichmäßigen Atem zu lauschen, den rhythmischen Schlag seines Herzens unter ihrer Hand zu fühlen, die sie auf seine Brust gelegt hat.

Sie schaut ihn an, während er schläft, hat Angst davor selbst einzuschlafen, weil jede Sekunde mit ihm so unendlich kostbar ist und weil sie weiß, dass dieser Moment unwiederbringlich ist. Zärtlich, ohne ihn zu wecken, streichelt sie mit ihren Fingern über die markanten Falten in seinem Gesicht, die sie so sehr liebt und bedeckt seine Schulter mit gehauchten Küssen, so leicht, wie die Flügelschläge eines Schmetterlings.

Sie möchte die Zeit anhalten, damit die gestohlenen Stunden mit ihm, die unbeschreibliches Glück verheißen, nie enden mögen. Zu wissen, nicht bleiben zu können, schmerzt entsetzlich. Aber, die Gewissheit zu haben, ihn wiederzusehen, stimmt sie versöhnlich mit der Sehnsucht.

Einmal nur…

Ich möchte einmal nur auf deinen Gedanken-
pfaden wandern. Fühlen, was du denkst.

Ich möchte einmal nur die Welt durch deine
Augen sehen. Erspähen, was du siehst.

Ich möchte einmal nur in die Tiefen deiner Seele
eintauchen. Spüren, was du spürst.

Ich möchte einmal nur die Narben in deinem
Herzen berühren. Erfahren, was dich so tief
verletzt hat.

…vielleicht könnte ich dich dann besser verstehen.

Deine Stimme

Nun trennen uns wieder hunderte Kilometer von-einander und immer noch hallt deine Stimme in mir nach.

Wenn ich meine Augen schließe, kann ich dich hö-ren. Deinen Mund nah an meinem Ohr, flüsterst du beim Abschied, wie sehr du mich vermissen wirst.

Ich kann sie hören, deine Stimme, in deren ge-heimnisvolles Timbre ich mich vom ersten Wort an verliebt habe.

Ihre faszinierende Klangfarbe, mit der du mein Herz und meine Seele gleichermaßen zu berühren vermagst.

Deine Stimme, die sich, wie ein wärmender Pullo-ver aus Kaschmir um meinen nackten Körper schmiegt, wenn wir beieinander sind.

Deine Stimme, deren unbeschreiblich beeindru-ckender Klang mich unentwegt Sehnsucht nach dir fühlen lässt.

Deine Stimme, die mich dir so unendlich nah sein lässt und mit der du mir die wundervollsten Worte sagtest, die ich je gehört habe.

Wie sehne ich mich nach deiner Stimme! Wann sehen wir uns wieder?

Der wunde Punkt

Blutrot und zähflüssig tropft es aus deiner Seele.

Der wunde Punkt… ab und an bricht er auf und ergießt sich mit seiner geballten Wucht in die Spirale deines Lebens.

Der wunde Punkt… eine verlorene Liebe?

Der wunde Punkt… eine tiefe Verletzung aus Kindertagen?

Der wunde Punkt… zerstörerischer Zweifel, am Selbstbewusstsein nagend?

Der wunde Punkt… samtig dunkelrot; die Farbe der Freude, der Liebe, der Sehnsucht und des Schmerzes.

Der wunde Punkt… immer da, auch, wenn wir ihn noch so geschickt vor der Welt zu verstecken und ihn zu ignorieren versuchen.

Jeder von uns kennt diesen wunden Punkt in seiner Seele, aber nur ganz wenige Menschen verstehen es, diesen wunden Punkt in uns mit der Kraft ihrer Liebe zu heilen.

Nur einen Flügelschlag entfernt

Du bist nur einen Flügelschlag entfernt, denn,
wenn ich meine Augen schließe, kann ich deinen
Duft einatmen, deine Hände noch auf meinem
Körper spüren, deine Lippen auf meinen Lippen
fühlen und deine Worte hören, die du mir zärtlich
ins Ohr flüstertest.

Du bist nur einen Flügelschlag entfernt, und
dennoch vermisse ich dich so sehr als wärst du in
einem anderen Universum.

Die Entfernung eines Flügelschlags nennt man
Sehnsucht…

Unter seinen Flügeln

Ein zarter Lufthauch streift ihre Seele. Ihre Gedanken schweben sehnsuchtsvoll zurück zu dem Ort, an dem die glücklichsten Momente ihres Lebens, zu unauslöschlichen Erinnerungen wurden.

Fest eingebrannt in den Tiefen ihres Herzens... abrufbar in jedem Augenblick.

Wenn sie ihre Augen schließt, kann sie seine Arme spüren, die sich, wie schützende Flügel, um ihren Körper schmiegen. Sie vermitteln ihr Sicherheit und lassen sie wohl behütet schlafen.

Sie atmet den Duft seiner Haut. Kann seine Wärme unter ihren Fingern fühlen, die sich sanft streichelnd auf Entdeckungsreise über seinen nackten Körper begeben.

Ihr Kopf ruht auf seiner Brust, und sie lauscht dem gleichmäßig rhythmischen Schlagen seines Herzens.

Voller Leidenschaft gibt sie sich seinen Küssen hin, öffnet sich ihm und seiner Liebe.

Wenn die Magie der Nacht und die Mondin sich verbünden und der Sternenstaub am Firmament Träume zum Leben erwachen lässt, wünscht sie sich nichts sehnlicher als die Geborgenheit unter seinen Flügeln noch einmal erleben zu dürfen. Und noch einmal… Und noch einmal…

Wie sie sie vermisst… seine Flügel!

Der Tanz durch die Nacht

Tanze im Mondlicht auf einem Teppich aus silbern glänzenden Sternen!

Spüre, wie der dunkelblaue Schleier der Nacht dich, wie ein seidiger Mantel, sanft umhüllt!

Lass dich verzaubern von der Magie des Augenblicks!

Genieße diese Momente der Liebe und des puren Glücks!

Lass dich davontragen ins Reich der Träume, in dem jeder Herzenswunsch Wirklichkeit werden kann!

Genieße die Zuversicht, die dieser nächtliche Tanz dir schenkt, und gib dich ganz diesem Gefühl hin, dass in dieser Nacht unzählige kleine Wunder geschehen!

Schlaflos...

Seit Stunden schon wälzt sie sich in ihrem Bett von einer auf die andere Seite, versucht vergeblich, den so dringend benötigten Schlaf, zu finden. Sie schaut zur Uhr, deren Zeiger sich in Zeitlupe zu bewegen scheinen. Selbst der goldene Sternenstaub, den sie, wie jeden Abend über sich verstreut hatte, verfehlt heute seine sonst so verlässliche Wirkung.

Stattdessen nimmt das Gedankenkarussell in ihrem Kopf immer mehr Fahrt auf. Die Pferde auf dem Karussell vollführen einen wilden Tanz. Verzweifelt versucht sie abzusteigen, doch es gelingt ihr nicht, denn die Gedanken halten sie mit aller Macht zurück. Sie hämmern in ihrem Kopf, halten ihr Herz fest umklammert und lasten schwer auf ihrer Seele.

Dann endlich dämmert der Morgen. Das Karussell beginnt, sich langsamer und langsamer zu drehen. Total erschöpft, aber dankbar für den neuen Tag, der alle Chancen beinhaltet, die sie belastenden Probleme zu lösen und die Sorgen über Bord zu werfen, damit der eiserne Ring, der sich um ihr Herz gelegt hat, zerspringt und ihre Seele wieder befreit aufatmen kann, steht sie auf.

Der helle, wärmende Sonnenstrahl, der sich durchs geöffnete Fenster auf ihre Bettdecke legt, symbolisiert einen Hoffnungsschimmer und die Zuversicht auf einen Neubeginn.

Nur eine Puppe?

An manchen Tagen fühlt sie sich, wie eine Puppe, die man ganz nach Belieben, wenn man Lust zum Spielen hat und gerade niemand Interessanteres verfügbar ist oder wenn einem einfach nur langweilig ist, aus dem Regal hervorholen kann.

Obwohl sie sich so oft, nämlich genau immer dann, wenn man sie mal wieder achtlos ins Regal setzte, sie für Tage dort vergaß und sie keines Blickes würdigte, geschworen hatte, dass sie diese Spielchen nicht länger mitmachen würde, weil sie ihr das Herz brechen, ist sie doch jedes Mal hoch erfreut und aufs Neue hoffnungsfroh, wenn man ihr wieder Beachtung schenkt und sich ihr widmet.

Dann genießt sie die Aufmerksamkeit, die man ihr zuteilwerden lässt, die liebevollen Worte, die zärtlichen Gesten, das behutsame Streicheln, das Gefühl, geliebt und geschätzt zu werden und unendlich kostbar und wertvoll zu sein. In diesen Momenten, die sie unbeschreiblich glücklich machen, die ihr Herz wärmen und ihre Seele streicheln, verdrängt sie die Gedanken daran, eventuell bald wieder uninteressant zu werden, womöglich nicht mehr so liebenswert zu sein, ihren Platz an jemand anderen zu verlieren und wieder ins Regal abgeschoben zu werden.

Vor diesem Augenblick fürchtet sie sich, weil er ihr unsagbar wehtut. Wieder herzlos ins Regal gesetzt zu werden und beobachten zu müssen, wie anderem Spielzeug alle Aufmerksamkeit gewidmet und ihm alle Liebe geschenkt wird, ist unendlich bitter. „Puppenseelen und -herzen" brechen so leicht!

Wirst du für mich da sein?

An einem eisigen Winterabend, nicht schlafen kön-
nend, weil die Mondin ihr silbernes Licht magisch
kraftvoll durchs Fenster warf, stellte sie sich die
Fragen, die sie so oft in ihrem Alltag beschäftigten.
Sie wusste nicht, an wen sie die Fragen richtete. Sie
übergab sie einfach leise flüsternd der Stille der
Nacht:

Wirst du für mich da sein, wenn ich tief verunsi-
chert bin, weil ich mich auf meinem Lebensweg
verirrt habe und nicht mehr weiß, in welche Rich-
tung ich gehen soll?

Wirst du für mich da sein, wenn ich völlig ver-
zweifelt bin, weil mein Lebensschiff in schwieriges
Fahrwasser geraten und kein rettendes Ufer in
Sicht ist?

Wirst du für mich da sein, wenn ich unendlich
traurig bin, weil mein Herz in tausend Stücke zer-
brochen ist, weil ein Mensch, dem ich es vertrau-
ensvoll in seine Hände legte, es aus Unachtsamkeit
einfach fallen ließ?

Wirst du für mich da sein, wenn ich maßlos ent-
täuscht bin, weil Menschen, die mein absolutes
Vertrauen genossen haben, mir wieder einmal ihr

wahres Gesicht gezeigt und mich belogen und betrogen haben?

Wirst du für mich da sein, wenn ich mutlos bin, weil die Angst davor, an der Verwirklichung von Träumen zu scheitern, größer ist als der Impuls es einfach zu versuchen?

Wirst du für mich da sein, wenn ich die Hoffnung verloren habe, irgendwann einmal die Priorität und nicht nur eine von vielen Optionen im Leben eines Menschen zu sein, der mir alles bedeutet?

Unmerklich hatten sich ein paar Tränen ihren Weg über ihr Gesicht gebahnt. Tränen, die ihren Schmerz und ihre Traurigkeit hinfort schwemmten. Ganz tief in ihrem Inneren spürte sie, wie eine wohlige Wärme ihr Herz erfasste, und sie hörte plötzlich eine Stimme flüstern: „Ja, ICH werde für dich da sein. Denn ich bin immer da, immer bei dir, in dir und um dich herum, auch, wenn es sich manchmal nicht so anfühlen mag. Das sind die Momente, in denen ich dich etwas lehren möchte."

Erstaunt und gespannt auf die Antwort, fragte sie in die Dunkelheit hinein: „Wer bist du?"

Die innere Stimme flüsterte: „Ich bin die LIEBE."

Das war die Antwort auf alle ihre brennenden Fragen. Nun wusste sie, dass sie, egal, was auch immer im Leben geschehen würde, nie allein sein würde. Diese Gewissheit umhüllte sie, wie ein schützender, wärmender Mantel und trug sie fort ins Traumland.

Du bist…

Du bist die Sonne, die mich an jedem neuen Tag mit ihrer Morgenröte begrüßt und mich mit ihren goldenen Strahlen sanft umfängt.

Du bist der Mond, der mir an jedem Abend auf einem silbernen Teppich den Weg ins Traumland weist.

Du bist die Sterne, die am tiefblauen Nachthimmel nur für mich funkeln und meine Träume in goldenes Licht hüllen.

Du bist der Wind, der meiner Sehnsucht Flügel verleiht und sie dorthin trägt, wo meine Gedanken sind.

Du bist der Regen, der mir die Traurigkeit von der Seele wäscht und mir wieder Klarheit bringt.

Du bist das Feuer, das mich wärmt, wenn die Kälte des Alltags droht, mich erfrieren zu lassen.

Du bist der Engel, der mich vor Unheil bewahrt und mich beschützend unter seine Flügel nimmt. Der Engel, der mir eine unbeschreibliche, nie zuvor gekannte Geborgenheit schenkt.

Du bist das Herz, der Motor meines Lebens und lässt mich spüren, wie es sich anfühlt, zu lieben und geliebt zu werden.

Du bist mein ALLES. Wenn du bei mir bist, ist jeder Augenblick Glückseligkeit pur - gemacht für die Ewigkeit.

Du bist LIEBE…

Die rosarote Brille

Manchmal ist es ratsam, die rosarote Brille
zusammen mit dem abgestreiften Mantel der
Erwartungen, den Träumen, die unerfüllbar sind
und einer Liebe, die nicht gelebt werden kann, gut
verpackt in einem Karton, ins Archiv deines
Lebens zu bringen

Befreit von diesen Dingen, kannst du mit einem
tiefen Atemzug die Tür hinter dir schließen, zwei
Treppenstufen auf einmal nehmend, wieder in
dein Leben springen und gespannt darauf sein,
welche Türen sich für dich öffnen werden.

Nur mit dir… durch das Jahr

Nur mit dir möchte ich an einem sonnigen Tag inmitten einer Frühlingswiese liegen, mit meinen Fingerspitzen zärtlich die Konturen deiner Lippen nachzeichnen und jede deiner, dich für mich so unwiderstehlich machenden Falten, die gelebtes Leben widerspiegeln, sanft berühren. Ich möchte mich an dich kuscheln und den zarten Federwölkchen nachschauen, die am azurblauen Himmel vorüberziehen.

Nur mit dir möchte ich in lauen Sommernächten in den Bergen vor einer Hütte auf einer Bank sitzen, wenn deine Arme mich liebevoll beschützend umfangen, wenn die Scheite des Lagerfeuers bersten, deren Funken, wie ein Feuerwerk sprühen und am tiefblauen Himmelszelt Sternschnuppen zählen.

Nur mit dir möchte ich an einem menschenleeren Strand im warmen Sand liegen, jeden Zentimeter deines mir so vertrauten Körpers mit unzähligen Küssen bedecken, das Salz des Meeres auf meinen Lippen schmecken und den unverwechselbaren Duft deiner Haut einatmen.

Nur mit dir möchte ich nachts, völlig nackt, in die wohltuend kühlen Fluten eines Sees eintauchen auf dessen tiefschwarzer Oberfläche sich silbern glänzend das Mondlicht spiegelt. Ich möchte deine Nähe spüren, wenn ich meine Arme sanft um deinen Nacken lege, wenn ich meine Beine um deine Hüften schlinge und wenn unsere nassen, sich vor Begehren verzehrenden Körper, miteinander verschmelzen.

Nur mit dir möchte ich Hand in Hand durch raschelndes, herbstlich bunt gefärbtes Laub wandern, Bäume umarmen, Drachen steigen lassen und von Zeit zu Zeit, von dir gehalten, stehenbleiben, in deine faszinierenden Augen bis auf den Grund deiner Seele schauen und diesen Moment der Ewigkeit genießen.

Nur mit dir möchte ich mich an einem paradiesischen Wintertag in meine Kindheit zurückversetzt fühlen, indem wir uns lachend in die weiße Pracht fallen lassen, um mit unseren weit ausgebreiteten Armen wedelnd, Engel in den Schnee zu malen.

Ich möchte mit dir eine Schneeballschlacht machen, Schlitten fahren und mir dann und wann einen sinnlichen, zärtlichen Kuss von dir stehlen, der Herzenswärme und Seelentiefe schenkt.

Nur mit dir möchte ich die Wunder der Liebe, die unbeschwerten Augenblicke, die den Alltag so besonders machen und die Momente, die Glück verheißen, das Herz wärmen und der Seele ein Lächeln schenken, im Lauf der Jahreszeiten genießen…

Rastlos Suchender

Ich habe bisher mit all meiner Liebe vergeblich versucht die Mauern einzureißen, die du um dein Herz errichtet hast. Doch der Zement aus deinen Erfahrungen war stärker als alle Liebe der Welt.

Erfahrungen aus der Vergangenheit, Enttäuschungen von Menschen, die dir einmal viel bedeutet haben, Erlebnisse, die dich unempfänglich für die Liebe gemacht haben, aus Angst davor, dass du erneut verletzt werden könntest.

So irrst du weiter umher, brichst ein Herz nach dem anderen, lebst oberflächliche Beziehungen, hast deinen Spaß, aber niemals würdest du zulassen, dass jemand in deinem Herzen Einzug hält.

Unter die Haut

Wie liebe ich es, dich sagen zu hören, dass ich für dich die wundervollste, begehrenswerteste Frau der Welt bin, dass ich dir mit der Art und Weise und mit jeder Faser meines Seins unendlich guttue und dass du mich liebhast. Deine Worte gehen mir unter die Haut…

Wie liebe ich es, wenn du mich mit diesem ganz besonderen Blick aus deinen faszinierenden Augen anschaust als könntest du alle meine Seelengeheimnisse erraten. Deine Blicke gehen mir unter die Haut…

Wie liebe ich es, wenn du deine Lippen sanft auf meine legst, unsere Münder sich zärtlich berühren und unsere Zungen sich einem sinnlichen Spiel, das in einem leidenschaftlichen Kuss voll prickelnder Erotik endet, hingeben. Deine Küsse gehen mir unter die Haut…

Wie liebe ich es, wenn deine Hände auf Entdeckungsreise über meinen, vor Begehren vibrierenden Körper, gehen und du mit deinen Fingern unendlich liebevoll kleine Herzen auf meinen Rücken malst. Deine Berührungen gehen mir unter die Haut...

Wie liebe ich es, dir Einlass in meinen Heiligen Tempel der Lust zu gewähren, mich mit dir auf den Wogen der Leidenschaft davontragen zu lassen, so dass wir uns ganz und gar ineinander verlieren. Deine Art, mich zu lieben, geht mir unter die Haut…

Wie liebe ich es, meinen Kopf auf deine Brust zu legen und deinem Herzschlag lauschend, von dir zärtlich in den Schlaf gestreichelt und die ganze Nacht von dir beschützt zu werden. Die Geborgenheit deiner Nähe geht mir unter die Haut…

DU gehst mir unter die Haut…

Die Magie eines Kusses

Der Moment, in dem sie sich gegenüberstanden, ihre Münder sich zum ersten Mal näherkamen, ihre Lippen einander berührten und sie nichts weiter spürten als diese unbeschreibliche Magie des Augenblicks, wird für immer unvergessen bleiben.

Dieser Kuss, der alle Sehnsucht und alles prickelnde Verlangen in sich trug und zu einer Offenbarung wurde, wird ewiglich spürbar sein, wenn sie ihre Augen schließen.

In diesem Kuss lag Liebe pur. Sie verschmolzen in Leidenschaft miteinander. Als er sie sanft in seine Arme zog, sie ihm eine Hand auf die Schulter legte, sie ihre Augen schlossen, sich ihre Münder fanden, ihre Lippen sich zärtlich berührten, ihre Zungen sich vorsichtig einem erotischen Spiel hingaben, wurde ein magischer Moment der Verbundenheit geboren.

Aus zwei Menschen wurde in diesem einen magischen Moment eine vor prickelnder Erotik leidenschaftliche Symbiose. So intensiv und feurig waren ihre Gefühle füreinander.

Sie betraten den Heiligen Kral der Liebe, spürten, wie die Wärme ihrer Herzen, wie das Feuer der

Liebe durch ihre Adern floss. Sie ließen sich treiben auf dem Ozean der Gefühle, getragen von den Wogen des Begehrens.

Als sie ihre Augen wieder öffneten und einander ansahen, waren sie fasziniert davon, was ein einziger Kuss in ihnen beiden auszulösen vermochte. Dieses Erlebnis hatte sich für die Ewigkeit in ihre Herzen eingebrannt und beflügelte ihre Seelen. Sie würden sich immer wieder, eine tiefe Dankbarkeit fühlend, an diesen einzigartigen, magischen Moment erinnern, der sie auf den Flügeln der Liebe davontrug.

Welch wundervoller Morgen…

Durchs geöffnete Fenster weht ein kühler Luftzug

Streift meine nackte Haut

Sonnenstrahlen streicheln mein Gesicht

Blinzelnd, noch etwas schlaftrunken, begrüße ich
den neuen Tag

Höre dich neben mir atmen

Kuschel mich noch für einen Moment an dich

Spüre die Wärme deiner Haut

Meine Lippen suchen deinen Mund

Lächelnd mit geschlossenen Augen erwiderst du
meinen Kuss

Der Tag erwartet uns - welch wundervoller
Morgen…

Immer noch…

Immer noch vergeht kein Tag, an dem ich nicht an dich denke…

Immer noch vergeht keine Nacht, in der du nicht in meinen Träumen präsent bist…

Immer noch vergeht kein Tag, an dem ich mich frage, wie es dir wohl geht und was du gerade machst…

Immer noch bist du am Morgen mein erster und am Abend, wenn ich zu Bett gehe, mein letzter Gedanke…

Immer noch bewohnst du mein Herz, weil ich dir gestattet habe, dich darin zu Hause zu fühlen…

Immer noch liebe ich dich, auch, wenn ich dich loslassen musste…

Mögest du finden, wonach du suchst und irgendwann ankommen, so, wie du es dir wünschst!

Haben wir nicht alle Sehnsucht …

Haben wir nicht alle Sehnsucht nach DEM einen Partner, der uns so annimmt, wie wir sind, mit allen unseren Macken und vermeintlichen Fehlern, mit unseren Ecken und Kanten und der uns trotzdem dafür liebt, weil wir sind, wie wir sind?

Haben wir nicht alle Sehnsucht nach DEM einen Partner, der all unsere Verrücktheiten mit uns teilt, der über dieselben Dinge lachen kann, wie wir, der uns nicht einengt, sondern der uns so sein lässt, wie wir sind und der mit uns fliegt, statt uns die Flügel zu stutzen?

Haben wir nicht alle Sehnsucht nach DEM einen Partner, mit dem das Leben einem Tanz auf dem Vulkan gleicht, mit dem die gelebte Leichtigkeit des Seins jeden Tag zu einem ganz besonderen Tag macht, mit dem auch nach dem Ablegen der rosaroten Brille und der Anfangseuphorie, die Glücksgefühle das Alltägliche überdauern?

Für einen Menschen, den man liebt

Für einen Menschen, den man mit der ganzen Kraft seines Herzens liebt, dem man Gefühle tiefster Innigkeit und Verbundenheit entgegenbringt und mit dessen Seele man sich verwandt fühlt, würde man alles tun, um ihm zu helfen, ihn vor jeglichem Unheil zu bewahren und ihn zu behüten und zu beschützen in allen Lebenslagen.

Für einen Menschen, den man liebt, würde man zur Löwin, zum Fels in der Brandung, zum sicheren Hafen und zu dessen ganz persönlichem Schutzengel werden.

Es gibt Menschen, die es vermögen, dein Herz und deine Seele so zu beeindrucken und zu fesseln, dass du sie nie mehr missen möchtest, weil du weißt, dass die Begegnung mit diesem einen Menschen Magie ist, etwas ganz Besonderes, Einmaliges, etwas so Großartiges, dass es sich kaum in Worte fassen lässt.

Es ist die Liebe in ihrer ehrlichsten, reinsten und tiefsten Form.

Sommersehnsucht…

Glückliche Momente in unserem Haus am Meer

Salz auf der Haut und Sonne im Gesicht

Lagerfeuer am Strand

Bei rubinrotem Wein erzählte Geschichten

Sonnenauf- und untergangsmagie

Farbenfroh und faszinierend

Vom Rauschen der Wellen am Morgen in den Tag getragen und am Abend ins Traumland begleitet

Sehnsucht weckt Erinnerungen an deine Küsse…

Was sie braucht...

Sie braucht keinen Mann, der ihr die Sterne vom Himmel holt. Sie leuchten dort, wo sie sind, am schönsten.

Sie braucht keinen Mann, der sie auf Händen trägt. Sie steht recht gut auf ihren eigenen Füßen und geht beharrlich ihren Weg durchs Leben.

Was sie braucht, ist ein Mann, der ihrem Herzen und ihrer Seele ein Zuhause gibt, einen Mann, bei dem sie sich angekommen fühlt, in jeglicher Beziehung und mit allem, was dazugehört.

Ich habe mich in dich verliebt...

Ich habe mich in dich verliebt...

... in deine Art, wie du dich gibst, in deine faszinierenden Augen, die so graublau sind, wie ein Bergsee, auf dessen Grund man bis zu deiner weisen, alten Seele vordringen kann.

Ich habe mich in dich verliebt...

... in das unverwechselbare Timbre deiner Stimme, in dein Lachen, in jeder deiner Falten, die gelebtes Leben widerspiegeln und Geschichten erzählen, in deinen Körper, der Verlangen in mir hervorruft, wann immer ich dich sehe und dich berühre.

Ich habe mich in dich verliebt...

... in den Duft deiner Haut, in deine sanften Lippen, in deine Küsse, die zärtlichen, die liebevollen und die fordernden, in den Moment, wenn du mir so nah bist, wie es näher nicht geht, in den Augenblick, wenn du in mir bist, tief im Tempel meiner Lust.

Ich habe mich in dich verliebt…

… in deine starken Arme, die Geborgenheit und Sicherheit schenken, in dein ganzes Ich und am allermeisten in dein Herz, so dass mein Herz sich sofort mit ihm verbündet und ein ewiges Feuer entfacht hat.

Verschlossene Türen

Manchmal schließen sich im Leben durch verschiedenste Gründe und Umstände Türen, von denen du gehofft hattest, sie würden für immer offenbleiben.

Während du verzweifelt vor der verschlossenen Tür stehst und vergeblich versuchst, ob dir nicht doch wieder Einlass gewährt wird, öffnet das Leben dir völlig unverhofft eine neue Tür und sorgt für Begegnungen, die dich staunen lassen, die deine Seele streicheln und die dein Herz mit Wärme erfüllen.

Das Leben steckt voller Überraschungen. Nehmen wir sie dankbar an! Vielleicht öffnen sich sogar für immer verschlossen geglaubte Türen irgendwann wieder.

Träume

Ich habe mich mit meinen Träumen in dein Herz gesetzt, hoffend darauf, dass MEINE Träume zu deinen und DEINE Träume zu meinen werden und dass sie vielleicht irgendwann zu UNSEREN Träumen verschmelzen.

Die Schwingen eines Adlers

Manchmal wünscht sie sich die Schwingen eines Adlers. Dann könnte sie sich in die Lüfte erheben und mit ein paar kräftigen, ausdauernden Flügelschlägen zu dem Menschen fliegen, zu dem eine unbeschreibliche Sehnsucht sie zieht, weil ein Herz voller Liebe für ihn in ihrer Brust schlägt.

Nur, wenn die Sehnsucht übermächtig ist und die Gefühle so tief sind, dass sie sich mit keinem Wort der Welt beschreiben lassen, werden solche Wünsche geboren.

Entscheidung…

Und dann nahm sie alle Enttäuschungen und
Verletzungen liebevoll in den Arm, strich sanft
über jede Narbe auf ihrem Herzen und entschied
sich, zu leben…